LETTRE

DU

SR. JOLY DE ST. VALIER,

Lieutenent Colonel d'Infanterie,

À

MR. LE CHEVALIER YORKE,

Ci-devant Ambaſſadeur d'Angleterre à La Haie.

Suivie d'obſervations et de détails intéréſſants ſur les événéments que cette Lettre a produit.

LONDRES.

M,DCC,LXXXIV.

LETTRE,

DU

Sr. JOLY DE ST. VALIER.

À

Mr. LE CHEVALIER YORKE.

MONSIEUR,

JE me suis rendu en angleterre pour obtenir justiee et satisfaction de l'iniquité et des cruautés que j'ai éprouvé de votre part l'année derniere: mais étant hors d'état d'avoir recours pour cela aux loix civiles malgré mon profond respect pour elles, j'ai recours à la loi de l'honneur qui n'est pas moins respectable puis qu'elle domine dans l'univers entier, et je vous demande cette satisfaction demain Vendredi, 2 de ce mois, à Hide Park, le pistolet à la main sous les arbres qui sont derriere le Magazin à poudre.

Comme ma vüe est excessivement affaiblie par les maux que vous m'avés fait souffrir, nous nous battrons à la longueur d'un mouchoir dont nous tiendrons chacun une des extrémités,

tés,

tés, et nous tirerons ensemble à un signal qui nous sera donné. Vous voyez que je ne veux pas mettre votre vie en danger sans exposer en même tems la mienne au même danger, et que je ne demande pas à tirer le premier comme j'en aurais le droit puisque je suis l'offensé. J'espère Monsieur que vous ne me refuserés pas la satisfaction que je vous demande, il est bien juste que dans une affaire telle que celleci, l'un des deux ou tous les deux restent sur la place.

Quoique je sois bien éloigné de penser que vous vouliés faire de cette lettre le même usage que vous avés fait l'année derniere de l'indiscrète imposture d'un homme très méprisable, je vous avouerai cependant Monsieur, qu'ayant été plusieures fois à la veille de périr par les maux que j'ai soufferts l'année derniere lors que vous m'avés fait mettre à bridwell, surtout par le froid que j'y ai enduré, j'ai différé à vous demander satisfaction jusqu'à ce que la rigueur de la saison fut passée. Me sentant apresent assez de forces pour resister aux autres maux que je puis souffrir supposé que vous preniez ce parti : mais je le répète, je ne le pense pas. Il convient aussi de vous informer que je ne quiterai point Londres sans avoir obtenu justice et satisfaction. L'angleterre sera certainement mon tombeau ou mon triomphe comme j'ai eu l'honneur de vous le dire il y a long-tems, j'attends votre réponse ainsi que d'être informé de l'heure qui vous conviendra pour vous trouver demain vendredi à Hide Park.

JOLY DE ST. VALIER.

Londres, ce 1er. *Avril,* 1784,
Rupert-street, No. 47.

P. S.

P. S. Si vos affaires mettaient quelque obſtacle au rendez-vous que je vous demande, je differerai ſans peine jus-qu'au jour qui vous conviendra, il ſuffit que vous vouliez bien m'apprendre au jourd-hui le jour et l'heure à la quelle vous vous trouverés à Hide Park dans l'endroit indiqué.

OBSERVATIONS SUR CETTE LETTRE.

1°. Il eſt impoſſible d'écrire avec plus de moderation, plus de circonſpection, plus d'égards que je ne l'ai fait dans cete lettre. Je ne me ſuis pas permis un ſeul terme qui pût offenſer Mr. Le Chev. York, je n'ai pas hazardé la moindre menace au cas qu'il me refuſât la réparation que je lui demandais ; *Sa vie n'était donc pas en danger.*——2°. Je ne croyais pas bleſſer les loix de l'angleterre dans la ſituation òu je ſuis en invoquant les loix de l'honneur, puiſque les papiers publics parlent tous les jours d'affaires d'honneur ſans qu'on pourſuive ceux qui les ont eu, et je croyais en invoquant les loix de l'honneur auprès de Sir Joſeph, *lui parler le ſeul langage qui fut digne de lui.* Ce pendant, ſa réponſe a été de porter ma lettre chés un juſtice à paix *et de jurer que ſa vie était en danger* pour me faire condamner une ſeconde fois à Bridwell d'où j'ai été conduit le 16 Avril, à Guildhall, Weſtminſter, pour y être jugé avec tous les infortunés et les brigands qui y avaient été conduits ce jour là.

 Je

Je puis dire je crois ſans offenſer mes juges, que c'eſt la premiere fois depuis que leur tribunal éxiſte, qu'un homme tel que M. Le Chev. York et moi, y ont été jugés en ſi bonne compagnié, et pour une affaire telle que celleci.—Je puis dire encore, je crois ſans offenſer mes juges, qu'il eſt bien extraordinaire que Sir Joſeph Yorke, cet homme ſi noble, ſi haut, ſi fier, n'ait pas porté tout de ſuite cette affaire au King's Bench *comme il le devait décemment et pour lui et pour moi.*——Il ny a certainement pas d'exemple en angleterre d'un gentil homme et encore moins d'un militaire quelconque, qui ſe foit conduit en pareille occaſion comme l'a fait M. Le Chev. Yorke. Qu'il en cite un ſeul depuis que la monarchie exiſte? Je l'en défie. Mais il avait bien ſes raiſons pour ſe conduire ainſi: on pourra facilement les appercevoir parce qui va ſuivre.

J'étais ſi éloigné de penſer que M. Le Chev. Yorke voulut faire de ma lettre l'uſage qu'il en a fait, *et il eſt peut étre le ſeul au monde qui ait pu ſe permettre d'en faire cet uſage*, que j'ai négligé de lui rappeller dans cette lettre le d'etail de ſes injuſtices et des maux qu'il m'a fait ſouffrir.—Je me ſuis bien apperçu, au moment de mon jugement, combien cette précaution eût été néceſſaire puis-qu'elle eût informé mes juges et l'aſſemblée des juſtes motifs qui avaient occaſioné cette lettre; ce qu'il ne m'a pas été poſſible de faire lors de mon jugement: commençons par ces détails.

Sir Joſeph ſait qu'il n'a fait que m'amuſer et me tromper depuis le fatal moment où je l'ai abordé juſqu'ici.—Il fait tous les reproches qu'il a à ſe faire pour m'avoir retenu pendant deux

deux ans auprès de lui, c'est à dire pendant tout le tems qu'il a eu l'espoir d'être ministre, afin de s'approprier alors mon travail et les connaissances qu'il avait apperçu que je possédais et qui pouvaient être très utiles à sa patrie. ——Il sait que pour me récompenser du zèle ardent et du vif intérêst que je lui ai constemment témoigné jusqu'à mon premier enprisonnement, il m'a fait arrèter et conduire à Bridwell il ya dix huit mois, sans aucun fondement et sur le témoignoge d'un homme si méprisable qu'il n'a jamais osé le produire lors de mon jugement.——Il sait que j'ai couché longtems sur les planches dans un cachot sans la moindre couverture, et cela dans une saison très rigoureuse il sait qu'étant sans aucun secours, j'ai été rongé par la vermine, nourri uniquement du pain des prisonniers et que j'y serais mort de besoins, *comme ses partisans l'avaient annoneé,* Sans l'assistance de quelques amis peu riches qui m'ont fourni de quoi avoir une subsistance un peu plus abondante et de quoi avoir une place dans un lit, où je couchais avec le premier coquin que l'on arrètait et qui avait six sols à payer pour son lit; de sorte que j'étais exposé à prendre toutes les maladies possibles.—Il sait que je suis sorti au bout de deus mois de cette prison, exténué de besoins, courbé sous le poids des infirmités et attaqué d'une Maladie mortelle.—Il sait qu'ayant été justifié de la maniere la plus honnourable, *il m'a fait transporter quinze jours après sans aucune forme de Procès à ostende* où l'on m'a remis en arrivant, Cinquante Livres Sterling, comme on donne à un malheureux que l'on tranporte. *Quelque chose pour subsister* en attendant qu'il puis puiſſe vivre de Son travail. C'eſt par cet acte de violence qu'il immaginait ſe mettre à L'abri des juſtes plaintes que javais à porter pour un traitement auſſi odieux.—Telle eſt La Sureté dont un honnête homme joüit dans ce pays-ci o'u on parle de ſureté perſonnelle, de juſtice, de liberté ! qui peut ſe flater après cet événement de dormir tranquille dans ſont lit ? qui peut en angleterre, ſoit anglais ſoit étranger, voir cet événement avec indifférence, puis que la même choſe peut lui arriver d'un inſtant à l'autre ? Dans quel pays du monde (même deſpotique) un homme quelque puiſſant qu il puiſſe étre *ſe ſerait il permis impunément un pareil trait ?* Ne pourrat-on pas dans la ſuite entreprendre ici *ſans danger* la même choſe contre un étranger ou contre un anglais de quelque rang qu'il ſoit, s'il eſt moins puiſſant ou s'il a moins de crédit que ſon adverſaire ? je le demande à tout homme éclairé ? peut on s'empêſcher de convenir qu'après ce qui m'eſt arrivé la planche eſt faite, et qu'il n'y a plus qu'à la ſuivre, ſi on la laiſſe ſubſiſter ?—Il ſait bien plus encore, mais ce n'eſt pas ici la place d'en dire d'avantage.

Tels ſont les détails que j'ai négligé de rappeller à Sir Joſeph dans cette lettre parce qu'il ne peut pas les avoir oubliés et parce qu'il peut encore moins les conteſter.—Si j'en impoſe dans tout ce que je viens de dire, je mérite la punition la plus ſévère : mais on ne peut pas m'en ſoupçonner puiſque j'ai publié la deſſus il y a plus d'un an, un mémoire très circonſtancié, ſur le quel Sir Joſeph a gardé le plus profond et peut être le plus honteux ſilence. D'ailleurs l'impoſture ne s'exprime

pas

pas avec autant de candeur et autant de franchise que je le fais. Venons à ce pui s'est passé le jour de mon jugement à Guildhall, Westminster.

Sir Joseph s'y trouvait environné d'une multitude d'amis et de gens très disposés en sa faveur. Moi j'étais absolument seul et déja fort affaibli, autant par les besoins que j'avais éprouvé, que parce que j'avais excessivement souffert pendant quinze jours de prison où je n'avais pas vu de feu, quoique la saison fut encore très dure.—Sir Joseph avait, non seulement deux avocats pour défendre sa cause; mais il en avait arrèté plusieurs autres et les meilleurs, à fin de m'oter la facilité de trouver quelqu'un pour defendre la mienne. Moi je n'avais pas de conseil *parce que j'étais hors d'état de le payer*, et il est difficile d'exprimer combien les nombreux partisans de Sir Joseph, ont éte satisfaits lors que j'ai annoncé que j'étais sans conseil. Ce n'est pas tout encore comme je ne puis m'exprimer que très difficilment en anglais, je n'ai pas pu exposer ce que j'avais à dire pour ma défense.——M. Silvestre, principal avocat de Sir Joseph, autant pour rendre sa cause meilleure que pour prévenir contre moi mes juges et l'assemblée, ne m'a épargné d'aucune maniere. Moi pour lui répondre, je n'ai pu exposer qu'un seul fait par le moyen d'une personne de ma connaissance qui s'est trouvée par hazard derriere moi et qui parle anglais.—Sir Joseph a répondu à ce fait: *mais comme je puis assurer ici publiquement* que tout ce qu'il a dit *est absolument contraire à la varité*, il s'est pressé *de disparaitre sur le champ*. Autant parce pu'il a vu l'impossibilité de pouvoir

voir répondre à ce que j'allais répliquer, que par la crainte d'être obligé de répondre aux autres faits que j'allais exposer.—Dês qu'il a été parti, il ne m'a plus été permis de parler et j'ai été condamné à un an de prison à Tothilfields Bridwell, et à donner pour sept ans des cautions pour la vie de Sir Joseph; cautions qui sont si fortes qu'il me sera impossible de les fournir. Cest à dire que je suis condamné à la mort et à une mort bien cruelle puisque mon suppliee sera très lent; car je ne puis pas me flater de vivre huit ans dans cette prison, ayant d'eja cinquante huit ans, étant fort affaibli *et attaqué de la consomption.* Etant obligé de coucher sur les planches dans un cachot avec les infortunés qui y sont renfermés* étant nourri uniquement du pain des prisonniers, &c. &c. Au reste, je contais mourir avec honneur à Hide Park, socrate est mort avec honneur dans un cachot, je saurai mourir avec honneur dans celui où Sir Joseph m'a fait condamner pour réparer les injustices et les maux qu'il m'a fait souffrir auparavant.

J'avoûe que j'avais si bonne opinion de la maniere dont la justice se rend en angleterre, que j'ai cru, lorsque les jurés ont eu fait leur rapport, (et je ne me permêts aucune réfléxion

* Je dois aux égards et aux instances de M. Smith, Gouverneur Bienfesant de cette Prison, d'avoir couché pendant plus de deux mois dans un lit quoique je fusse hors d'etat de payer la place que j'y occupais. Je me suis rendu à ses instances jusqu'a ce que je fusse guéri d'un mal qui m'est venu aux pieds par le froid que j'ai éprouvé en arrivant ici, après quoi je l'ai prié de mettre fin à ses bontés. Ce à quoi il a consenti quoi qu'avec beaucoup de peine. Je suis très flaté de pouvoir publier encore ce nouveau trait de sa bienfaisance envers moi.

sur

ſur cet article ;) j'ai cru qû'aprés ce raport on ouvrirait le livre de la loi, et qu'on me dirait, *à moi ſurtout qui ſuis étranger et qui étais ſans conſeil,* voila ce à quoi la loi vous condamne. Mais il s'en faut bien que les choſes ſe ſoient paſſées ainſi ; dabord après ce rapport, mes juges ſe ſont aſſemblès et après avoir délibéré aſſez longtems, ils ont prononcé enſuite le jugement dont je viens de parler. On trouvera ſans-doute que ce jugement valait bien la peine qu'on me fit connaitre s'il eſt conforme à la loi *ce'ſt au public à en juger.* Car pour moi je l'ignore.—Si ce'ſt aitnſi qu'on rend la juſtice en angleterre, *il n'y a pas lieu de ſe glorifier,* et je puis dire ſans qu'on puiſſe me démentir que c'eſt ainſi qu'on rend la juſtice dans les tribunaux de l'inquiſition et dans les pays les plus deſpotiques où la juſtice eſt rendue de la maniere la plus arbitraire ; encore aurait on honte dans ces tribunaux, de juger ainſi un homme qui n'aurait pas pu ſe faire entendre faute de parler le le langue du païs et qui n'aurai pas pu avoir de conſeil.—Il me reſte beaucoup d'autres choſes à dire ſur ce jugement, mais je les réſerve pour un moment plus favorable ſuppoſé qu'il puiſſe arriver. Cependant je ne puis m'empêcher d'ajouter l'obſervation ſuivante.

N'eſt il pas bien extraordinair que tous les papiers publics faſſent mention exactement de tous les jugements qui ont été rendus par tous les tribunaux, même de ceux qui ſont rendus par un ſeul juſtice à paix, et qu'il n'y en ait pas un ſeul qui ait oſé parler du jugement qui a été rendu contre moi, le 16 Avril, a Guildhall, Weſtminſter ? La même choſe eſt arrivée lors que j'ai été jugé à cette cour il y a dix huit mois. L'un et l'autre de ces jugements meritaient cependant bien l'attention du public. Ce ſilence ne provet-il pas qu'on tâche d'enſevelir dans les ténèbres ces jugements, comme on prend ſoin d'enſevelir dans le ſilence les jugements qui ſont rendus dans les tribunaux les plus obſcurs de l'inquiſition la plus ſévère ?

Qu'on me permette encore une obſervation. Pour quoi avant et au moment même de mon jugement, m'at-on fait dire que ſi je voulais jurer de quitter l'angleterre on m'accorderait ma liberté ? La propoſicion était ſéduiſante, ſurtout dans la triſte ſituation où j'étais ; mais j'en ai ſenti toutes les ſuites et je l'ai refuſée.— En jurant de ſortir de l'angleterre et de n'y plus revenir, n'était-ce pas me bannir de l'angleterre ; et en me banniſſant moi-même n'etait ce pas bien-pis que ſi j'avais été bani par un jugement quelconque ? quel triomphe pour Sir Joſeph de pouvoir ſe parer alors d'un air de générosité, en diſant qu'il n'a pas voulu me faire condamner et qu'il s'eſt contenté de ma parole qui m'aſſujétirait à des peines bien plus ſévères ſi j'oſais reparaitreen angleterre. Tel était le piege qu'on me tendait. Sir Joſeph n'aura jamais cet avantage avec moi ; il ſait que je ſuis prêt à mourir, mais que je ſuis incapable de me deſhonorer. Ce qu'il m'a fait ſouffrir il y adix huit mois, ce qu'il me fait ſouffrir encore avec tant de cruauté doit bien l'en convaincre.

Je le dis hautement, ce n'eſt qu'en angleterre qu'un homme de mon eſpèce peut être traité comme je le ſuis pour une affaire d'honneur, et pour une affaire d'honneur, occaſionée par des motifs auſſi puiſſants que ceux dont je viens de parler.——Je ſuppoſe qu'un gentilhomme anglais, un ancien militaire, un homme de mon age eut été traité ſans aucune raiſon

par

par un français, avec autant de cruauté, autant d'injustice, autant d'ignomignie que je l'ai été il y a dixhuit mois par Sir Joseph Yorke, et qu'il eut été continuellement trompé par ce français, comme je l'ai été par Sir Joseph? (tout ceci ne peut être qu'une supposition, car ce que j'ai éprouvé de M. Le Chev. Yorke, est et sera certainement toujours sans exemple.) Que dirait-on en angleterre et dans le monde entier, si ce gentil-homme anglais s'étant rendu à Paris pour demander réparation de tant d'horreurs à celui qui les lui a fait souffrir, et si, n'ayant pas pu avoir recours aux loix civiles, il avait été forcé de recourir à la loi de l'honneur pour demander cette réparation?—Que derait-on si ce gentil-homme avait été condamné pour un an et peut-être pour huit ans à *bicêtre* par quelques juges subalternes de la police sans avoir pu se faire entendre faute de savoir la langue et sans avoir pu avoir de conseil? Que dirait-on s'il avait été condamné à n'avoir d'autre nourriture que le pain des prisonniers, à coucher sur les planches avec eux et à étre traité comme le plus commun de ceux qui sont renfermés dans cette prison? cependant il serait traité avec encore moins d'ignomignie, que je ne le suis, puis-qu'il s'y trouverait tout au plus avec quel ques libertins qu'on enferme dans cette maison de force, et que je me trouve à Bridwell, nourri et traité comme tous les malheureux, les fripons, les voleurs dont cette prison est remplie. J'en excepte quelques malheureuses victimes de l'infortune et de l'injustice. Je leur dois cependant à tous cette marque publique de ma reconnaissance, ils paraissent touchés de mon sort et ils sont presque les seuls qui en sont touchés,

an

au point d'avoir des égards pour moi *et d'avoir voulu me ſoulager* autant qu'il dépendait d'eux, ce que j'ai toujours refuſé.—Ce n'eſt preſque que dans cette priſon que j'ai trouvé des ames ſenſibles à ce que je ſouffre. *C'eſt done ici où l'humanité et la ſenſibilité s'eſt réfugiée au jourd hui !* qui l'aurait penſé ſans l'experience que j'en fais ? *Quel traitement bondieu !* j'en appelle à toute la nobleſſe et à tout le militaire de quelque rang qu'il ſoit et de quelque pays que ce puiſſe être.—J'oſe croire que les annales d'angleterre ne fourniſſent pas beaucoup d'exemples d'un pareil jugement.

Qu'il eſt glorieux pour Sir Joſeph de traiter ainſi un homme qui ſans orgueil peut dire qu'il le vaut de toute maniere.—Un homme à qui il ne peut nier d'avoir accordé l'eſtime et la confiance la plus entiere, j'ai rapporté ſes lettres à ce ſujet, et ſi je le répete ici, *ce n'eſt certainement pas pour me glorifier.*—Un homme à qui on ne peut reprocher d'autre crime que d'avoir été continuelment trompé par Sir Joſeph et d'avoir été ſa dupe depuis le fatal moment où je l'ai abordé.—N'eſt ce pas lui qui m'a forcé d'enfreindre les loix de l'angleterre, ſuppoſé que je les aie enfreint en invoquant les loix de l'honneur pour avoir réparation de tant d'atrocité, puiſque mes facultés ne pouvaient pas me permettre d'avoir recours pour cela aux loix civiles ? Eſt-ce ma faute ſi la juſtice eſt ſi chere en angleterre ? Eſt-ce ma faute ſi tous les avocats aux quels je me ſuis addreſſé l'année derniere ont refuſé par conſideracion pour Sir Joſeph, de ſe charger de ma cauſe ? Devais-je le laiſſer jouir paiſiblement du fruit de ſon injuſtice et de ſes cruantés à mon égard ?

Sir

Sir Joseph ne cesse de me reprocher par lui ou par ses partisans d'une maniere à faire pitié et qui est bien digne de lui, l'argent qu'il m'a fourni.—N'at-on pas vu dans le mémoire que j'ai publié sur ce qui s'est passé entre lui et moi. Avec quelle ruse et avec quel artifice il a taché de me tirer differents objets de travail aussitot que je l'ai abordé ?—N'at-on pas vu qu'étant sans défiance, je lui en ai fourni plusieurs autres ensuite qu'il recevait avec avidité ?—N'at-on pas vu que je n'ai jamais voulu toucher un sol de sa part quoi qu'il me pressat souvent d'accepter de l'argent ?—N'at-on pas vu que je ne me suis determiné à en recevoir *que lorsque j'ai eu épuisé le mien* et uniquement *pour me soutenir* en attendant qu'il fut ministre comme il l'esperait ?—N'at-on pas vu dans ce mémoire qu'à la fin il m'a laissé manquer d'argent au point que j'ai été obligé de mettre ma montre engage pour vivre, ce dont je l'ai informé dans le tems ?—Est-ce dont là me payer mon travail ? Etait-il fait pour me payer mon travail ? étais-je à ses gages ? étais-je fait pour être à ses gages ? Qu'il réponde donc à tous ces faits que j'ai publié il y a longtems, ou qu'il cesse ce méprisable reproche ! mais que pourrait-il dire sans cela pour tacher de me dénigrer et pour tacher de mandier le suffrage public en sa faveur ?

On me reproche encore les deux cents cinquante liv. ster. que j'ai reçu du Lord Stormont.—Si j'étais dans le païs des lapons où cette somme pourrait paraitre énorme, peut-être ce reproche ne m'étonnerait-il pas : mais j'avoûe qu'il me surprend beaucoup ici.—— At-on donc oublié que j'ai publié dans mon mémoire

mémoire au sujet de Sir Joseph, et dans tous les autres, que le Lord Stormont en m'accordant cette somme ne m'a remboursé qu'a peuprés ce que j'avais dépensé avant de toucher un sol de M. Le Chev. York? et M. Le Chev. York peut-il contester ce fait? N'en suis-je donc pas toujour, pour mon travail et pour tous les sacrifices que j'ai fait en venant offrir mes services à l'angleterre? Où est donc je ne dirai pas la récompense? *Car ce serait une dérision*: mais où est donc *la justice*, où est donc l'équité à mon égard? Je le demande aux plus prévenus contre moi; je le demande à Sir Joseph lui même? Qu'il réponde.—Que de choses ne pourrais-je pas ajouter encore! et ne me ferat-il donc jamais possible d'exposer la verité dans tout son jour devant un tribunal compétent? C'est tout ce que je desire depuis longtems.

Sir Joseph répand a present que mon travail était peu de choses. Pleut au ciel que cela fût? Je m'en feliciterais aujourdhui: je n'en ai que trop fait quoique je n'aie pas fait la centieme partie de ce que je pouvais faire; mais qu'il dise donc pourquoi *il a été si avide* de l'avoir, ce travail qu'il affecte si fort de dédaigner a present? Qu'il dise donc pour quoi il a envoyé au roi, des mémoires qui m'ont été rendus à ostende après avoir été près de cinq-ans entre les mains De S. M.—Pour quoi il en a copié plusieurs de sa propre main en me rendant ensuite les originaux comme j'en étais convenu avec lui?—Pour quoi il s'est si fort pressé de les publier et de les répandre en hollande et dans toute l'europe aussitot que je les ai faits imprimer ici?—Pour quoi les autres ministres me les ont-ils demandés et les ont gardés?—Pour quoi

quoi il y en a un qui les a gardés malgré la parole qu'il m'avait donné de me les rendre et malgré les démarches respectueuses que j'ai fait da bord pour les ravoir ?—Qu'il réponde donc à tous ces faits dont j'ai déja parlé? peut-il en nier au cun ?—Tout cela je crois n'annonce pas vn travail de peu de valeur. Mais, que peut-on attendre de Sir Joseph, qui dans le dessein de m'abaisser s'il le pouvait, ne craint pas de dire au public *qu'il a manqué de jugement et de discernement* pendant deux ans qu'il m'a retenu auprès de lui? passons à d'autres objets.

On me fait l'honneur de me comparer à un voleur de grand chemin, et on me traite à peu près comme tel.—On dit que j'ai voulu mettre à contribution Sir Joseph Yorke, par la proposition que je lui ai fait dans la lettre cidessus. On conviendra je crois après tout ceque je viens d'exposer, *que j'etais bien autorisé à loui parler de dédomagements de toute espéce*, et si je l'avais fait, je n'aurais pas lieu d'en rougir, et on ne pourrait pas m'en faire de reproche, Cependant il n'y a pas un seul mot dans cette lettre qui annonce la moindre vüe intérressée, mais seulement la réparation des maux qu'il m'a fait souffrir il y a dix huit mois à Bridwell, &c.... *Quelqu'un pourrat-il trouver que cette réparation ne soit pas bien juste et bien fondée ?*—Si par cette proposition on prétend que j'ai voulu mettre Sir Joseph à contribution, il faut convenir aussi que cette contribution était bien faible et que je pouvais facilement lui en épargner tous les frais, puisque la dépence à faire pour la réparation que je lui demandais était bien peu de choses.

On

On dit encore que j'ai manqué à ma parole d'honneur et que j'avais promis de ne plus revenir en angleterre *lorsque j'ai été transporté à Ostende sans aucune forme de procés,* par ordre de Sir Joseph.—J'ignore d'où peut venir la source de cette imposture, mais j'ai bien des témoins pour certifier le contraire. On trouve les détails les plus exacts *de ce singulier événement* dans mon mémoire au sujet de Sir Joseph Yorke, et il serait trop long de les rèpêter ici. Tout ce que je puis assurer, c'est que si on m'avait proposé d'aller à l'échaffaut ou de promettre de ne plus revenir en angleterre, j'aurais été plus-tot mille fois à l'échaffaut que de faire une pareille promesse.—La preuve en est, qu'aussitot que mon mémoire sur la conduite de Sir Joseph à mon égard a été imprimé, je n'ai pas perdu un instant pour venir le publier moi même en angleterre; et que Sir Joseph n'a pas dit un mot ni sur ce mémoire quoi qu'il l'ait eu un des premiers, ni sur mon arrivée ici. C'était cependant bien le moment, *puisque je ne me suis pas caché* et qu'il savait trés bien que j'y étais. Il a su également que je me suis rendu en angleterre des le mois de janvier dernier, et il n'a rompu le silence a mon egard que lorsqu'il a reçu la lettre ci dessus du 1r. Avril.

Lors que j'ai été amené chés M. Le Justice Wright avec Sir Joseph, le 3 Avril dernier, il s'y est trouvé un Monsieur que je ne connais pas, et qui sans doute pour m'effrayer, me dit d'un ton terrible de le regarder et me demanda si je la reconnaissais?—*Après l'avoir bien regardé,* je lui dis que non, et alors il m'a répondu toujours sur le même ton, qu'il avait été un de

mes

mes juges il y a dix huit mois, et que j'avais donné ma parole d'honneur de ne plus écrire à M. Le Chev. Yorke et de n'avoir plus rien à faire avec lui?—J'ateste ici tous mes juges qui m'ont aquité si honorablement, et je leur demande si on a dit un seul mot—je dis un seul mot qui eut rapport à celà?—Ces deux propositions sont trop mal fondées pour qu'elles aient pu seulement leur tomber dans l'esprit.—On m'a, demandé ma parole d'honneur de n'en pas venir aux extrémités dont j'avais été accusé, qui étaient que j'avais menacé Sir Joseph de lui donner des coups de baton sur les jambes: J'ai répondu que cette accusation était absolument fausse et que je donnais ma parole d'honneur de n'en jamais venir à ces extrémités.—C'est là seule chose sur la quelle on m'a demandé et sur la quelle on pouvait me demander avec justice ma parole d'honneur, que j'ai donnée; toute autre proposition eût été certainement de la plus grande injustice et je l'eusse rejettée.——J'ai vu le même Monsieur dont j'ignore le nom, mais il était le seul ayant un habit bleu avec un grand chapeau, et une large cocarde bleue, être un de mes juges lorsque j'ai été jugé le 16 Avril. J'étais je crois, bien en droit de le récuser pour mon juge, puisqu'il avait été mon accusateur chés M. Le Justice Wright, et après une accusation aussi mal fondée: mais je n'ai pas pu me faire entendre.

On me blame aussi d'avoir proposé le combat à la longueur d'un mouchoir; mais, 1°. ma vûe est excessivement affaiblie par les maux que m'a fait souffrir Sir Joseph Yorke, comme je l'ai déja dit. 2°. A' mon age on ne se bat que pour des motifs très puissants et par conséquent

 pour

pour que les suites du combat soient très sérieuses. 3°. Il est des circonstances qui exigent qu'une affaire d'honneur se termine comme je l'ai proposée, et malheureusement Sir Joseph ne m'a que trop mis dans cette circonstance. Il est facile d'en juger par la faible esquisse que je viens de donner de sa conduite à mon egard depuis le cruel moment où je l'ai abordé.—— N'est-ce pas lui qui est cause que je languis de puis longtems dans les besoins les plus urgents ? Au point que sans l'assistance d'un ami peu riche, je n'aurais pas de quoi me procurer le soir pour un sol de pain et un peu de lait dont j'ai le plus grand besoin, parce que le pain des prisonniers qui sans celà aurait été ma seule nourriture de puis près de quatre mois, ne peut pas suffire pour ma subsistance *et que je serais déja mort de besoins sans ce faible secours.* Je ne puis en imposer la dessus quisque j'ai ici deux cent témoins de ce que j'avance.—*Telle est la réparation de Sir Joseph pour les maux qu'il m'a fait souffrir il y a dix huit mois.*—Sir Joseph et ses partisans ne trouveront-ils pas encore cette réparation bien juste, bien noble et bien digne de me satisfaire ?—N'est-ce pas lui qui est cause qu'a mon age je suis sans état et sans savoir comment pouvoir m'en procurer un à l'avenir ? surtout après avoir été renfermé huit ans dans cette prison ? car je ne puis pas me flater d'en sortir plustôt (supposé que j'en sorte et que je ne périsse pas avant six mois, ce qui est contre toute vraisemblance.) Il n'y a qu'a voir l'état actuele de ma santé ? Ne serait-il pas bien plus noble et bien plus généreux de me faire donner la mort et de me faire assassiner ?

On

On a joute à tous ces reproches que je suis un homme turbulent, que je suis un homme violent.—Que tous ceux avec qui j'ai vécu depuis que j'éxiste déposent contre moi et disent si je mérite ce reproche ? Qu'ils disent s'il y a un homme plus doux, plus tranquile et peut-être plus bienfesant que moi dans la société, lorsque je le puis ? Qu'on me pardonne si je mentione cette derniere qualité que personne ne me refusera sans doute ! si j'en parle ici, ce n'est certainement point par ostentation, mais par ce que la bienfaisance ne va pas avec la violence dont on m'accuse.—Ceux qui me font ce reproche, s'ils ne sont pas des statues de marbre ou des hommes de boue, auraient-ils eu plus de patience et de moderation que j'en ai eu, s'ils avaient éprouvé les injustices et les cruels traitements que j'ai souffert de Sir Joseph, &c.—Je le leur demande ?

Enfin pour tâcher de justifier tant d'ignomignie à mon égard, on dit que j'ait voulu trahir ma patrie et qu'on naime pas les traitres en angleterre.—Si j'étais un traitre, aurais-je été si mal traité ? Je le demande à quiconque connait un peu l'angleterre ? Mais venons au fait.

Sir Joseph, lorsque j'ai eu le malheur de vous aborder, ne vous ai-je pas dit : M. l'amb ; je viens offrir au roi et à votre patrie ma personne et les connaissances que j'ai pu acquerir par une longue experience, et par beaucoup de réflections. *Je viens vous offrir uniquement ce qui est à moi*, rien de plus : car pour ce qui regarde la situation interieure de la France et le secret de ses operations, je me suis fait une loi de n'en jamais parler et il serait inutile de me rien demander la dessus.—N'est-ce pas

 ainsi

ainsi que je me suis exprimé en vous abordant? je vou le demande Sir Joseph? N'en êtes vous pas convenu avec un de vos amis?—Le nierez vous? Il existe encore et il est à Londres. Un traitre s'exprimet-il ainsi? Me suis-je écarté de ces principes? Que les ministres, que Sir Joseph me denonce? Je l'en ai déja sommé, je l'en somme encore aux yeux du Public.—Ne porté-je pas sur ma tête des témoignages bien frapants des cruelles angoisses que j'ai souffert lorsque je me suis vu dans la dure néceffité d'aller offrir mes services à une puissance etrangère? Tout le monde sait que mes cheveux ont blanchi en trois jours, peut-être en vingt quatre heures. Mais c'est trop m'arrêter sur un objet si digne de mépris; Sir Joseph n'aurait-il pas rompu la dessus le silence il y a longtems, si j'étais coupable? Les moyens dont il se sert pour me détruire et me faire périr, ne prouvent-ils pas son injustic? Pourquoi me confiner dans une maison de correction où lon n'enferme que les gens de mauvaise vie de la derniere classe *qu'on ramasse dans les rues?* Où je n'ai pas une sueille parsonne à qui parler? Où l'on ne renferme que les fripons, que les voleurs, Et qui est presque ignorée, de tout le monde, au point que les cattoliques romains n'ont pas même les secours spirituels qu'on leur permet dans les autres prisons. Pour quoi traiter ainsi un étranger? Un homme qui est seul et sans le moindre soutient? Qui manque absolument de tout? Qui est languissant? Peut-on avoir d'autre dessein que de me soustraire à la vûe des honnêtes gens qui visitent quelque fois les autres prisons? Peut-on avoir d'autre dessein que de m'oter toute assistance et tous moyens

ens de défense ? Que de cruauté ! telle est la seule ressource de Sir Joseph, pour tacher de triompher de tant d'iniquité ! ce séjour n'est-il pas bien plus cruel pour un honnéte homme que toutes les Bastilles du monde, quelque affreux que soit l'image qu'on tâche d'en donner ?

Ce qui fait frisonner d'horreurs un honnéte homme dans le séjour que j'habite, est de s'y voir tous les jours exposé aux soupçons et aux recherches les plus igniomignieuses.—— Lorsque j'étais dans un cachot il y a dix huit mois, on y vola une boucle d'argent à un prisonnier : heureusement qu'on trouva ce vol dans les effets des deux premiers qui furent fouillés, sans quoi j'eusse été soupçonné et fouillé comme les autres. Ne pouvait-il pas se faire qu'aussitot qu'on a commencé cette recherche, on me glissat cette boucle dans les manches ou dans les poches de mes habits à moi surtout qui étais étranger ? Que serais-je devenu si j'avais été trouvé nanti de cet effet sans le savoir ? Que n'aurait pas dit contre moi Sir Joseph et ses partisans ? Je ne crois pas avoir tant souffert de ma vie, que j'ai souffert alors. La même chose arrive souvent dans les chembres où on est dix à douze, où on couche deux et quelque fois trois dans un méme lit, de sorte qu'on y est également exposé. N'est-ce donc pas assés des maux que je souffre ? N'est-ce pas assés d'eprouver les besoins les plus urgents et le mal-être le plus dur, mal-être qui ne devrait-être réservé qu'au dernier des scélerats et dont le dernier des scélerats peut se garantir ici lors qu'il a de l'argent.—Faut-il encore que

je

je fois exposé à de pareilles avanies et à de pareilles injures ?

Si on confidère encore qu'il n'y a qu'un fcéau au milieu de la chambre pour les befoins des prifonniers, de forte qu'il n'y a prefque pas une heure dans la nuit où il n'y ait quel-qu'un debout pour fatisfaire fes befoins de toute efpèce;——fi on confidere le bruit, l'odeur, l'infection, la vermine qui doit en réfulter pendant les chaleurs (quelque foin que l'on prenne pour s'en garantir)——fi on confidère combien il eft dur pour un honnete-homme de fe trouver en pareille compagnie; de coucher dans de pareils lits; d'avoir à coté de foi de pareils compagnons qui fe permettent toutes les falôperies poffibles; combien il eft dur de changer tous les huit jours et quelque-fois plus fouvent de pareils compagnons, qu'on amène prefque toujours yvres et qui font perdus par la débauche, de forte qu'on eft expofé avec eux à prendre toute forte de maladies, on conviendra que cette fituation eft le fupplice le plus cruel que l'on puiffe faire fouffrir à un homme qui a reçu une certaine éducation. Auffi je puis affurer que pendant plus de deux mois, je n'ai pas fermé l'oeil et que j'ai toujours couché fur les couvertures, il n'y a que les plus grands froids qui puiffent obliger un homme de mon efpèce à paffer fur tant de chofes auffi dégoutantes et auffi dangereufes.

Je ne fuis point délicat, j'ai couché mille fois en ma vie fur la terre en plein air, mais ces nuits étaient d'elicieufes en comparaifon de celles que je paffe ici.—Me confondre pour le cas où je fuis avec tous les gueux, tous les gens

gens de mauvaise vie qu'on ramasse dans les rues, avec tous les filoux, les fripons, les voleurs, les assassins ; me traiter comme eux ! je le répète, cela est sans exemple et ne pouvait m'arriver qu'en angleterre : encore ces gens lá ont-ils des amis qui les visitent et qui les secourent, et moi je n'ai personne, de sorte que je suis bien plus malheureux qu'eux.

En cinq semaines j'ai changé quatre fois de compagnon de lit : un d'eux avec qui j'ai couché pendant trois semaines était chargé de fers et a été condamné à être transporté pour sept-ans : cet homme perdu par le libertinage et par la débauche infectait de la bouche.——Mon dernier compagnon de lit était le nommé Morgan, un des assassins du Sir Linton, celui qui pour obtenir sa grace a déclaré qu'il découvrirait ses complices : on le tenait dans le plus grand secret sans le laisser parler à personne.—Qu'on considère le danger qu'il y a d'être couché à coté d'un criminel que l'on tient dans le plus grand secret ! ne conviendrat-on pas que s'il venait à transpirer quelque chose de ce qu'il devait déposer, je pouvais être accusé, et je n'ai que trop de preuves (que je ferai connaitre dans la suite) pour être assuré qu'on m'aurait accusé d'avoir taché de le faire parler afin de publier ensuite ce qu'il m'aurait dit ? Un homme qui pour obtenir sa grace déclare ses complices ne pouvait-il pas dire pour se faire valoir davantage, que j'ai tâché de le faire parler ? On voit dans quel danger je me suis trouvé. Cet homme plein de vermine était d'ailleurs le plus dégoutant mortel qu'il y ait sous le ciel.

On

On ne doit donc pas être surpris si j'ai préféré d'être seul dans le petit cachot où m'a placé M. Smith à côté de celui où il y a plusieurs malades couchés sur les planches et près des commodités.—Telle est ma situation actuelle. On peut facilement en prévoir les suites. Je défie à present Sir Joseph et tous les ministres de sa cruauté, de rien ajoûter à mes peines. J'attends la mort avec tranquillité, elle ne peut pas être fort éloignée avec de pareils traitements, et on voit que c'est tout ce que l'on desire. Le public me rendra sans-doute justice alors et me vengera peut-être un jour de tant d'horreurs. Ma situation est singuliere et unique, je n'ai personne . . . . . absolument personne qui cherche à diminuer mes peines, tandis que tout le monde travaille à les augmenter. L'ai-je mérité ? Si j'étais coupable ou si j'étais un homme ordinaire, on ne prendrait pas tant de peines, on ne chercherait pas des moyens si odieux pour m'acabler. Cependant jusqu'ici je n'ai pas encore succombé.

Au reste, le silence, le triste et honteux silence de mes persécuteurs, la crainte que rien ne transpire de leur conduite à mon égard, les moyens cruels qu'ils emploient pour tâcher de me faire périr dans l'obscurité et dans les ténébres, ne prouvent-ils pas avec la derniere évidence leur injustice et les reproches qu'ils ne peuvent sempêcher de sa faire ? Si cela ne souffit pas pour éclairer le lecteur, que lui faut-il donc de plus ? Je lignore. M'exprimerais-je vis-a-vis de Sir Joseph comme je le fais, et Sir Joseph garderait-il le silence si j'avais des torts vis-a-vis de lui, ou s'il n'avait pas les plus grands torts vis-a-vis de moi ?

Ses

Ses partiſants diſent qu'il eſt ou deſſous de lui de répondre à ce que j'ai expoſé : Le grand homme ! je ne m'en doutais pas. Il eſt donc d'un rang bien élevé ? Car je puis citer beaucoup de très Grand Seigneurs, des ſouverains même, qui n'ont pas cru s'abaiſſer en répondant à des objets bien moins importants, et à des perſonnes fort au deſſous de moi. Au reſte, il faut convenir que la reſſource eſt noble, et bien digne de Sir Joſeph. J'ignore ſi elle ſatisfaire également le public.

Je terminerai ce mémoire par une particularité qui mérite bien d'être connue.——Lors qu'on fit la lecture de la lettre cideſſus le trois Avril achez M. Le Juſtice Wright, en préſence de Sir Joſeph et de moi ; Sir Joſeph *pour me braver* ne fit que ſourrire pendant cette lecture. On conviendra que ſi cette lettre avait quelque choſe qui pût réjoüir Sir Joſeph, ce n'ètait ni la place ni le moment de ſe permêtre d'en rire en ma préſence, ſur-tout ſi l'on fait attention que je n'avais avec moi qu'une perſonne de ma connaiſſance dans une aſſemblée qui était exceſſivement nombreuſe et preſque toute compoſée des partiſants de Sir Joſeph.——On conviendra auſſi qu'il n'était ni noble, ni généreux à Sir Joſeph, de me braver et de rire dans un moment où il venait de faire le ſacriffice de ma lettre à M. Le Juſtice à paix, et où il voyait qu'aprés ce ſacriffice j'alais être renvoyè à Bridwell, d'où j'étais ſorti pue d'heures au paravant pour cette confrontation. —Telle eſt la grandeur d'âme de Sir Joſeph !— Je dois obſerver à la gloire de cette nombreuſe aſſemblée, que quoi qu'elle fut preſque toute compoſée des partiſants de Sir Joſeph ; il a cependant

E

pendant été le ſeul qui ſe ſoit permis de rire et d'avoir l'air ſatisfait.

Le public peut juger de ce que j'ai ſouffert en étant privé jus-qu'ici des faibles moyens néceſſaires pour mettre au jour ce que je viens d'expoſer et en ſachant avec quel art et quel acharnement on me déchire impitoyablement. —Combien de fois depuis que je ſuis dans cette triſte priſon, les partiſans de Sir Joſeph ne m'ons-ils pas fait dire de ne rien publier parce que ce ſerait l'irriter ? *Il craint donc bien la vérité, ce Sir Joſeph ?* Je le crois ; et ce n'eſt pas ſans raiſon : au reſte, il ſait que ci j'avais à choiſir ou de ſouffrir le ſupplice le plus cruel et le plus affreux, ou de faire la moindre démarche qui eut ſeulement l'apparence de deſirer de l'indulgence de ſa part ; je préfererais avec joie de ſouffrir le ſupplice le plus cruel et le plus affreux. Il ſait que depuis le moment où je l'ai abordé, je lui ai toujours dit et écrit *que je ne voulais ni graces ni indulgences de ſa part.* Qu'il me démente ſi j'en impoſe ? Comment peut il après celà, ſepermettre de dire comme il ſe répend aujourdhui, que j'ai fait la moindre démarche auprès de qui que ce ſoit pour parvenir à l'aborder ? Qu'il endonne une ſeulle preuve ? Je l'endéfie. Il ne doit pas être ſurpris ſi malgré les conſeils qu'on m'a donné de ſa part, j'ai mis au jour ce que je viens d'expoſer.

FIN.

www.ingramcontent.com/pod-product-compliance
Ingram Content Group UK Ltd.
Pitfield, Milton Keynes, MK11 3LW, UK
UKHW020537230726
13925UKWH00005B/2326

9 782019 275846